Margrit Seckelmann

**Informationen durch Performance Measurement –
Die Leistungsvergleiche nach Art. 91d GG**

Karlsruher Dialog zum Informationsrecht

Band 2

Karlsruher Institut für Technologie (KIT),
Zentrum für Angewandte Rechtswissenschaft
Indra Spiecker gen. Döhmann (Hrsg.)

Eine Übersicht über alle bisher in dieser Schriftenreihe erschienenen Bände finden Sie am Ende des Buches.

Informationen durch Performance Measurement – Die Leistungsvergleiche nach Art. 91d GG

von
Margrit Seckelmann

Impressum

Karlsruher Institut für Technologie (KIT)
KIT Scientific Publishing
Straße am Forum 2
D-76131 Karlsruhe
www.ksp.kit.edu

KIT – Universität des Landes Baden-Württemberg und
nationales Forschungszentrum in der Helmholtz-Gemeinschaft

KIT Scientific Publishing 2012
Print on Demand

ISSN 2194-2390
ISBN 978-3-86644-871-1

KARLSRUHER DIALOG ZUM INFORMATIONSRECHT

Seit Juni 2009 gibt es den „Karlsruher Dialog zum Informationsrecht" des Lehrstuhls für Öffentliches Recht, insbesondere Öffentliches Informations-, Telekommunikations- und Datenschutzrecht am Institut für Informations- und Wirtschaftsrecht des Karlsruher Instituts für Technologie (KIT).

Die Vortragsreihe richtet sich an Wissenschaft, Wirtschaft und Praxis gleichermaßen. Sie bietet ein Forum für den Austausch über aktuelle rechtliche Problemstellungen, aber auch Grundsatzfragen aus allen Bereichen des Informationsrechts. Behandelt werden daher Einzelfragen aus Spezialgebieten wie Verbraucherinformationsrecht, Telekommunikationsrecht, Datenschutzrecht oder Medienrecht. Darüber hinaus versteht die Reihe sich aber auch als ein Forum für abstrakte Themen wie die rechtliche Gestaltung der Informationsordnung, Rationalitätsfragen oder Entscheidungsverhalten. Intra- und Interdisziplinarität sind daher selbstverständlich. In diesem Sinne bietet der „Karlsruher Dialog zum Informationsrecht" Juristen aller Fächer, aber auch Vertretern interessierter Nachbarwissenschaften wie Informatik, Verhaltenswissenschaft oder Ökonomie eine Gelegenheit zum offenen, intensiven und übergreifenden Diskurs.

Die Vorträge finden mehrmals während des Semesters statt, in der Regel jeweils Dienstag, 18 Uhr 30, in Karlsruhe. Ins Leben gerufen hat die Vortragsreihe Prof. Dr. Indra Spiecker genannt Döhmann, LL.M., mit Unterstützung ihres Kollegen Prof. Dr. Thomas Dreier, M.C.L. Sie ist Inhaberin des Lehrstuhls für Öffentliches Recht, insb. Öffentliches Informations-, Datenschutz- und Telekommunikationsrecht am Institut für Informations- und Wirtschaftsrecht. Dieses Institut macht den Kern des Zentrums für Angewandte Rechtswissenschaften aus und ist beheimatet am Karlsruher Institut für Technologie (KIT), dem Zusammenschluss von Universität Karlsruhe und Forschungszentrum Karlsruhe GmbH. Es befasst sich aus öffentlich-rechtlicher wie privatrechtlicher Sicht mit allen Rechtsfragen rund um die Informationsgesellschaft.

Mit der Schriftenreihe wird den Vortragenden beim „Karlsruher Dialog zum Informationsrecht" Gelegenheit gegeben, ihren Vortrag und die Erkenntnisse der anschließenden Diskussion zu veröffentlichen, ohne den räumlichen, zeitlichen und inhaltlichen Zwängen einer Zeitschrift, eines Archivbeitrags oder eines Sammelbandes genügen zu müssen.

Karlsruhe, im Juli 2012

Prof. Dr. Indra Spiecker gen. Döhmann

EINLEITUNG

Leistungsvergleiche sind – nicht nur im Sport – allgegenwärtig. Auch der Staat sieht sich selbst immer mehr Vergleichen ausgesetzt - und er vergleicht sich selbst. Davon kündet auch der neue Art. 91d GG, der im Rahmen der zweiten Stufe der Föderalismusreform im Jahr 2009 in das Grundgesetz aufgenommen worden ist. Danach können „Bund und Länder [...] zur Feststellung und Förderung der Leistungsfähigkeit ihrer Verwaltungen Vergleichsstudien durchführen und die Ergebnisse veröffentlichen".

Diese neuartige Bestimmung wirft eine Reihe von Schwierigkeiten auf, die von der Rechts- und Verwaltungswissenschaftlerin Dr. Margrit Seckelmann im vorliegenden Beitrag näher behandelt werden. Diese Probleme stellen sich auf verschiedenen Ebenen. Zum einen geht es um die eigentliche Durchführung der Vergleiche: Es ist schon fraglich, welche rechtlichen und methodischen Anforderungen an die Gestaltung des Verfahrens zu stellen sind, und ob zwischen inner-, interorganisatorischen und ebenenverschränkenden Leistungsvergleichen zu differenzieren ist. Auch die Finanzierung will geklärt sein. Aber auch aus einer rechtstheoretischen Sicht sind die Vergleichsstudien im Hinblick auf ihre rechtliche Qualifikation bzw. diejenige der sie regelnden Norm nicht unproblematisch. Staatsrechtlich ergeben sich ganz grundlegende Fragestellungen zum Leitbild des Föderalismus, wenn man die Konsequenzen der Norm in den Mittelpunkt rückt. Aus einer Grundrechtsperspektive ist zu fragen, inwieweit die Veröffentlichung der Ergebnisse der Vergleichsstudien gegenüber den Trägern betroffener Grundrechte und unter Wahrung grundrechtsähnlicher Rechte ausgestaltet werden sollte. Verwaltungswissenschaftlich schließlich könnte die Einführung von Leistungsvergleichen in und zwischen der Verwaltung und deren Veröffentlichung zu einer Veränderung der Verwaltungskultur führen - nicht zuletzt auch dadurch, dass Informationen verfügbar gemacht und gleichzeitig durch die Struktur der Leistungsvergleiche gefiltert werden.

Margrit Seckelmann geht diesen Fragen im vorliegenden Beitrag in ersten Überlegungen nach und beleuchtet damit ein noch ganz neues Instrument der Verwaltungstätigkeit und Verwaltungskontrolle aus sowohl verfassungs- und verwaltungsrechtlicher Sicht, ergänzt um eine verwaltungswissenschaftliche Perspektive.

Karlsruhe, im Juli 2012

Indra Spiecker gen. Döhmann

INFORMATIONEN DURCH *PERFORMANCE MEASUREMENT* – DIE LEISTUNGSVERGLEICHE NACH ART. 91D GG

DR. MARGRIT SECKELMANN, SPEYER[1]

I.

Einleitung

Ein altes Sprichwort sagt: „Es ist gut, den Schnitt am fremden Tuche [zu] lernen." Und die positiven Wirkungen von Lernprozessen sind nicht nur bei Individuen bekannt. Lernen und Wissensverarbeitung werden in jüngerer Zeit auch verstärkt als Gegenstand organisationeller Entwicklung[2] wie rechts- und verwaltungswissenschaftlicher Forschung[3] wahrgenommen. So behandelte etwa der Eröffnungsvortrag des Karlsruher Dialogs zum Informationsrecht durch den Präsidenten des Bundesverfassungsgerichts, *Andreas Voßkuhle*, die Fragen der Legitimation staatlicher Entscheidungen durch den Umgang mit Wissen, der grundgesetzkonformen Gewinnung desselben (z. B. beim Umgang mit gesellschaftlichem Expertenwissen) sowie der Überführung von implizitem in explizites Wissen.[4]

---

[1] Es handelt sich um die erweiterte Fassung eines Vortrags, der am 24.01.2012 im Rahmen des Karlsruher Dialogs zum Informationsrecht gehalten wurde.

[2] Zum Konzept der „lernenden Organisation" vgl. *C. Argyris/D. A. Schön*, Die Lernende Organisation, 1999.

[3] Vgl. nur *I. Spiecker gen. Döhmann*, Rechtswissenschaft 2010, S. 247; *P. Collin/dies.* (Hrsg.), Generierung und Transfer staatlichen Wissens im System des Verwaltungsrechts, 2008; *P. Collin/Th. Horstmann* (Hrsg.), Das Wissen des Staates. Geschichte, Theorie und Praxis, 2004, S. 9; *M. L. Maier/A. Hurrelmann/F. Nullmeier/T. Pritzlaff/A. Wiesner* (Hrsg.), Politik als Lernprozess. Wissenszentrierte Ansätze in der Politikanalyse, 2003; *G. F. Schuppert/A. Voßkuhle* (Hrsg.), Governance von und durch Wissen, 2008; *St. Augsberg*, DVBl. 2007, S. 733; *S. E. Schulz*, in: Hill/Schliesky (Hrsg.), Innovationen im und durch Recht. E-Volution des Rechts- und Verwaltungssystems II, 2010, S. 249. Zum Thema des „politischen Lernens" s. *Bandelow*, Lernende Politik. Advocacy-Koalitionen und politischer Wandel am Beispiel der Gentechnologiepolitik, 1999, *Lamping*, in: Schimanke/Fischer/Bucksteeg (Hrsg.), Wie lernt Politik? Voraussetzungen, Formen und Erfolge, 2006, S. 17 und die anderen Aufsätze in diesem Band.

[4] So der Bericht von *N. Petersen*, DVBl. 2009, S. 1027.

1. Zur Generierung entscheidungsrelevanten Wissens durch *performance measurements,* Leistungsvergleiche und *benchmarkings*

Eines der Mittel zur „Explizitmachung" impliziten Wissens[5] können *performance measurement*-Prozesse darstellen. In diesen wird nämlich in einem ersten Schritt (vor dem zweiten Schritt des Vergleichs) das in einer Organisation bzw. Gebietskörperschaft vorhandene implizite Wissen gesammelt, indem Informationen über bestimmte Parameter oder über gefundene Lösungen[6] erhoben werden. Unter anderem durch diese Art der Zusammenstellung entscheidungsrelevanten Wissens können sich Regierung und Verwaltung Informationen beschaffen, die für ihr Handeln von Bedeutung sind. Durch die Verbreiterung der Wissensgrundlage für ihr Entscheiden können Staat und Kommunen jedoch – so *Voßkuhle* – die Legitimation ihrer Dezisionen in einem „rationalen Staat" als normativem Ideal öffentlichen Entscheidens erhöhen.[7]

Die Bereitstellung von Maßstäben, Formen, Verfahren und Institutionen durch Recht ist ein zentrales Mittel staatlicher Rationalitätsverbürgung.[8] Durch Bereitstellung von „Innovationsrequisiten"[9] kann Recht so gestaltet werden, dass Gesetzgebung und Verwaltung zum „Lernen" angehalten werden.[10] Zu diesen „Requisiten" können *performance measurement,* Leistungsvergleich und *benchmarking* im öffentlichen Sektor gehören, seit im Rahmen der ersten Stufe der Föderalismusre-

---

[5] *A. Scherzberg,* in: Schuppert/Voßkuhle (Hrsg.), Governance von und durch Wissen, 2008, S. 240.

[6] Als ein Beispiel einer Wissensdatenbank, in der (in einem geschlossenen Bereich) Verwaltungen ihre Lösungen für bestimmte Fragestellungen (z. B. zur Personalrotation) einstellen, kann die Wissenschaftliche Dokumentations- und Transferstelle für Verwaltungsmodernisierung in den Ländern (WiDuT) gelten, vgl. http://www.foev-speyer.de/widut/inhalte/01_home.asp [08.02.12].

[7] *A. Voßkuhle,* in: Schuppert/ders. (Hrsg.), Governance von und durch Wissen, 2008, S. 13 (20 ff.); vgl. auch *A. Scherzberg,* in: Krebs (Hrsg.), Liber Amicorum, H. U. Erichsen, Zum 70. Geburtstag am 15. Oktober 2004, 2004, S. 177.

[8] *Voßkuhle* (Fußn. 7), S. 15 m.w.N.

[9] So *W. Hoffmann-Riem* für das Besondere Verwaltungsrecht, in: ders./Schmidt-Aßmann (Hrsg.), Innovation und Flexibilität des Verwaltungshandelns, 1994, S. 9.

[10] Zu diesem Konzept, seiner Anwendbarkeit auf die Leistungsvergleiche nach Art. 91d GG den damit verbundenen Restriktionen vgl. *M. Seckelmann,* in: Hill/Schliesky (Hrsg.), Innovation in und durch Recht – E-Volution des Rechts- und Verwaltungssystems, 2010, S. 205 *dies.,* in: Blanke/Nullmeier/Reichard/ Wewer (Hrsg.), Handbuch zur Verwaltungsreform, 4. Aufl., 2010, S. 571; *dies.,* DVBl. 2010, S. 1311. Zum Thema des „politischen Lernens" s. auch *Bandelow* (Fußn. 3); *ders.,* Lerntheoretische Ansätze in der Policy-Forschung, in: Maier/Hurrelmann/Nullmeier/Pritzlaff/Wiesner (Hrsg.), Politik als Lernprozess. Wissenszentrierte Ansätze in der Politikanalyse, Opladen 2003, S. 98 sowie die anderen Aufsätze in diesem Band; *Lamping* (Fußn. 3) und *A. v. d. Vleuten/M. Verloo,* Policy & Politics 40 (2012), S. 73.

form 2006 die Bildungsvergleiche (Art. 91b Abs. 2 GG)[11] und im Rahmen der zweiten Reformstufe 2009 die Leistungsvergleiche im Bereich der Verwaltung (Art. 91d GG)[12] Eingang in das Grundgesetz fanden.

Nach der letztgenannten Norm können „Bund und Länder [...] zur Feststellung und Förderung der Leistungsfähigkeit ihrer Verwaltungen Vergleichsstudien durchführen und die Ergebnisse veröffentlichen".[13]

Die Einfügung dieser Bestimmung in das Grundgesetz blieb keineswegs unumstritten: So wurde ihre Aufnahme in die Verfassung zumeist als „rein deklaratorische Norm mit politischem Absichtscharakter"[14] beurteilt, da die Gebietskörperschaften auch zuvor nicht gehindert gewesen seien, im Bereich ihrer eigenen Behörden oder aufgrund bilateraler oder mehrseitiger Abkommen mit anderen Gebietskörperschaften derartige Vergleichsstudien durchführen zu lassen. Daher wird diese neue Verfassungsnorm zumeist als „überflüssig" bezeichnet.[15] Es widerspreche dann aber dem Charakter einer „Verfassung als Grund- und Rahmenordnung",[16] das Grundgesetz mit „Selbstverständlichkeiten oder technischen Details" zu überfrachten, die „keine Verfassungshöhe"[17] hätten.

Demgegenüber soll an dieser Stelle die These vertreten werden, dass Art. 91d GG durchaus als rechtliche Umhegung von Leistungsvergleichen zwischen Bund und Ländern in das Grundgesetz aufgenommen werden musste, und zwar deswegen,

---

[11] Dazu *A. Guckelberger*, RdJB 2008, S. 267; *dies.*, in: Seckelmann/Lange/Horstmann (Hrsg.), Die Gemeinschaftsaufgaben von Bund und Ländern in der Wissenschafts- und Bildungspolitik, 2010, S. 215.

[12] Vgl. hierzu u. a. *V. Mehde*, DV 44 (2011), S. 179; *M. Seckelmann*, DÖV 2009, S. 747, sowie *dies.*, in: Hill/Schliesky (Fußn. 10); *dies.*, in: Blanke/Nullmeier/Reichard/Wewer, (Fußn. 10); *dies.*, DVBl. 2010 (Fußn. 10); *C. Sichel*, DVBl 2009, S. 1014. Zu Leistungsvergleichen, *performance measurement* und *benchmarking* im öffentlichen Sektor vgl. grundlegend *S. Kuhlmann*, DV 44 (2011), S. 155; *dies./G. Färber/D. Jansen/S. Kropp/J. Wieland*, der moderne staat 2010, S. 475.

[13] BGBl I/2009, 2248.

[14] So *Sichel* (Fußn. 12), S. 1019; ähnlich *Suerbaum*, in: Epping/Hillgruber, Grundgesetz, Kommentar, 2012, zu Art. 91d GG, Rdnr. 7f.; *Mehde* (Fußn. 12), S. 194; *Mager*, in: v. Münch/Kunig, Grundgesetz. Kommentar, 2012, zu Art. 91d, Rdnr. 4.

[15] *Mager*, in: v. Münch/Kunig, Grundgesetz. Kommentar, 2012, zu Art. 91d, Rdnr. 4; *Heun*, in: Dreier, Grundgesetz, Kommentar, Supplementum 2010, 2010, zu Art. 91d GG, Rdnr. 5; ähnlich *Mehde* (Fußn. 12), S. 194; *Sichel* (Fußn. 12), a.a.O., *Suerbaum*, in: Epping/Hillgruber, Grundgesetz, Kommentar, 2012, zu Art. 91d GG, Rdnr. 7f.

[16] *Suerbaum*, in: Epping/Hillgruber, Grundgesetz, Kommentar, 2012, zu Art. 91d GG, Rdnr. 8; ähnlich *Ruge*, in: Schmidt-Bleibtreu/Hofmann/Hopfauf, Grundgesetz, Kommentar, 12. Aufl. 2011, zu Art. 91d GG, Rdnr. 3; ähnlich *Mager*, in: v. Münch/Kunig, Grundgesetz. Kommentar, 2012, zu Art. 91d, Rdnr. 4.

[17] *Siekmann*, in: Sachs, Grundgesetz, Kommentar, 2011, zu Art. 91d GG, Rdnr. 9f.

weil diese Norm erstens die gemeinschaftliche Durchführung und mehr noch das „Durchführenlassen" derartiger Vergleiche (etwa durch unabhängige Forschungsinstitute) im Bundesstaat kooperationsrechtlich absichert[18] und zweitens auch dem Umstand Rechnung trägt, dass sich das Handeln staatlicher wie suprastaatlicher Organisationen immer mehr sogenannter *„soft law"*-Instrumente (wie Informationen und *benchmarkings*) bedient. Die verfassungsrechtliche Sicherung der Durchführung und vor allem Veröffentlichung derartiger Instrumente entspricht einer Tendenz, die Erhebung und Veröffentlichung von Informationen über die ‚Leistungsfähigkeit' von Körperschaften verfassungsrechtlich zu umhegen.[19] Man spricht bezogen auf die genannten *„soft law"*-Instrumente auch von einer *„governance by information"* oder *„by numbers"*.[20] Bezogen auf eine solche neue Art von Informationshandeln internationaler Organisationen wird die These vertreten, dass diese zumindest dann einer verfassungsrechtlichen Umrahmung bedürfe, wenn die Veröffentlichung ihrer Leistungsvergleichs- oder *benchmarking*-Ergebnisse mit *policy*-Empfehlungen verbunden sei (hierzu mehr unter IV 2.c).[21]

Zugleich lässt sich mit *Thomas Giegerich* darauf abstellen, dass auch der Wettbewerb von Rechtsordnungen seinerseits einer Regulierung bedarf.[22] Allerdings betrifft der Art. 91d GG nur einen Ausschnitt eines solchen Wettbewerbs von Rechtsordnungen. Er regelt nämlich die Rahmenbedingungen der Erlangung von Informationen über bestimmte Verwaltungsleistungen, deren Erreichungsdauer nicht nur von der Schnelligkeit der jeweiligen Bearbeitenden abhängt, sondern auch – etwa bei der Einführung von Genehmigungsfiktionen in den betreffenden Landesbauordnungen – von rechtlichen Rahmenbedingungen. Zudem ist die in Art .91d GG getroffene Regelung selbst sehr knapp gefasst und bedarf der näheren Ausgestaltung durch ein Abkommen zwischen den betroffenen Gebietskörperschaften[23] (dass hier keine nähere Regelung getroffen wurde, entspricht gerade der oben erwähnten Forderung, das Grundgesetz nicht mit Kleinteiligem zu ‚überfrach-

---

[18] So auch schon *Seckelmann*, in: Hill/Schliesky (Fußn. 10); *dies.*, in: Blanke/Nullmeier/Reichard/Wewer, (Fußn. 10); *dies.*, DVBl. 2010 (Fußn. 10).

[19] Vgl. auch *Guckelberger* (Fußn. 11); *G. F. Schuppert*, in: ders./Voßkuhle (Hrsg.), Governance von und durch Wissen, 2008, S. 259. Zur systembildenden Bedeutung von Information vgl. u. a. *E. Schmidt-Aßmann*, Das allgemeine Verwaltungsrecht als Ordnungsidee, 2. Aufl., 2006, S. 279, sowie *M. Albers*, Rechtstheorie 33 (2002), S. 61 und *Th. Vesting*, in: Hoffmann-Riem/Schmidt-Aßmann/Voßkuhle (Hrsg.), Grundlagen des Verwaltungsrechts, 1. Aufl., Bd. 2, § 20, 2008, S. 1.

[20] *A. v. Bogdandy/M. Goldmann*, ZaöRV 69 (2009), S. 51; *dies.*, International Organizations Law Review 5 (2008), S. 241; *C. Möllers*, in: Schuppert/Zürn (Hrsg.), Governance in einer sich wandelnden Welt, 2008 (= PVS-Sonderheft 41/2008), S. 238.; vgl. auch *Guckelberger* (Fußn. 11), S. 219.

[21] *v. Bogdandy/Goldmann* (Fußn. 20).

[22] *T. Giegerich*, in: VVDStRL 69 (2010), S. 57 (81).

[23] Auf die Art dieses Abkommens soll unter IV.2.e) näher eingegangen werden.

ten'[24]). Gleichwohl kann man in der Einfügung von Art. 91d in das Grundgesetz ein Bemühen des Gesetzgebers darum erblicken, einen grundgesetzlichen Anknüpfungspunkt für die Regelung von Chancengleichheit, einen fairen Wettbewerb und einen sensiblen Umgang mit den Wettbewerbsergebnissen bei Leistungswettbewerben zwischen den Gebietskörperschaften in einer zwischenstaatlichen Vereinbarung oder mehreren solchen zu schaffen.

2. Zur Vorgehensweise

Aus allem ergibt sich, dass die kurze Bestimmung des Art. 91d GG möglicherweise inhaltsreicher ist, als sie auf den ersten Blick erscheint – und dass sie ggf. auch mehr ‚Sprengstoff‘ enthält, als man zunächst vermuten möchte. Denn wird möglicherweise auf die ‚neue Transparenz‘ in der Verwaltung ähnlich wie nach der Veröffentlichung der ersten PISA-Studien ein Leistungsvergleichs-Schock folgen? Um diese Frage und die anderen angesprochenen Aspekte zu untersuchen, soll nachfolgend die Bestimmung des Art. 91d GG näher betrachtet werden. Hierzu sollen zum einen die grundsätzlichen Überlegungen zur Einführung von Leistungsvergleichen in den öffentlichen Sektor (II.) sowie die Unterscheidung einzelner *benchmarking*-Formen (III.) vorgestellt werden. Daran wird sich eine Analyse der rechtlichen Qualifikation der Vergleichsstudien bzw. der sie regelnden Norm ebenso wie des zugrundeliegenden Föderalismusleitbilds anschließen (IV.). Dabei sollen auch die organisationsrechtlichen wie methodischen Probleme bei inner- wie interorganisatorischen und ebenenverschränkenden Leistungsvergleichen behandelt werden. In diesem Zusammenhang soll auch die Frage angesprochen (aber aus Platzgründen nicht weiter vertieft) werden, wie die Veröffentlichung der *Ergebnisse* der Vergleichsstudien („und die Ergebnisse veröffentlichen“, Art. 91d GG) gegenüber den Trägern betroffener Grundrechte und grundrechtsähnlicher Rechte auszugestalten ist. Und schließlich soll (V.) der Frage nach einer möglichen Veränderung der Verwaltungskultur durch die Durchführung von Vergleichsstudien und die Veröffentlichung der Ergebnisse derselben nachgegangen werden.

---

[24] *Siekmann*, in: Sachs, Grundgesetz, Kommentar, 2011, zu Art. 91d GG, Rdnr. 9f.; *Suerbaum*, in: Epping/Hillgruber, Grundgesetz, Kommentar, 2012, zu Art. 91d GG, Rdnr. 8; ähnlich *Ruge*, in: Schmidt-Bleibtreu/Hofmann/Hopfauf, Grundgesetz, Kommentar, 12. Aufl. 2011, zu Art. 91d GG, Rdnr. 3.

II.

Performance measurement, Leistungsvergleich und *benchmarking* -
Zur Genese des Konzepts der Messung von Verwaltungsleistungen

Bevor die Frage der Durchführung von Vergleichsstudien näher betrachtet werden
soll, sollen an dieser Stelle die zu verwendenden Begriffe geklärt werden: *performance measurement*, Leistungsvergleich und *benchmarking* im öffentlichen Sektor. Alle Konzepte vereint die „Ermittlung der Leistungsfähigkeit öffentlichen
Verwaltungshandelns über Kennzahlensysteme und Performanzindikatoren […],
die sowohl Input-, Output-, Outcome- als auch Prozess- und Strukturindikatoren
umfassen"[25] können. Der Unterschied zwischen beiden Konzepten besteht darin,
dass ein *performance measurement* sich auf die Erhebung oder ‚Messung' von
Daten beschränkt. Es kann insoweit als erste Stufe zu einem *Leistungsvergleich*
dienen, der „sich auf den indikatoren- und kennzahlenbasierten Vergleich von
Leistungen, Strukturen, Prozessen und Wirkungen im öffentlichen Sektor zwischen
oder innerhalb von Verwaltungen, zwischen Ebenen oder auch zwischen föderativen Subjekten" beziehen kann.[26] Ein *benchmarking* geht noch darüber hinaus und
kann – in einem engen Verständnis des Worts ein Identifizieren ‚bester' oder zumindest ‚guter' Leistungen oder Lösungen (*best* bzw. *good practices*) mit dem Ziel
bezeichnen, daraus Lehren für die eigene Organisation abzuleiten: So leitet sich
auch das Wort *benchmarking* von trigonometrischen Punkten im Vermessungswe-
sen ab und bezeichnet seinem ‚Erfinder' zufolge das „Lernen von den Besten".[27]
Heute versteht man darunter einen Prozess des systematischen und verbesserungs-
orientierten Vergleichs „zwischen Organisationen, Unternehmen und auch Ländern", dessen Ziel es ist, „eigene Prozesse und Produkte durch das Vorbild des
Vergleichspartners entscheidend zu verbessern.[28]

Es handelt sich um ein in der Privatwirtschaft entwickeltes Konzept. Aus der Über-
tragung dieses Instruments aus dem privatwirtschaftlichen auf den öffentlichen
Sektor ergeben sich jedoch Probleme: So sind nicht nur die *Kosten* von Verwal-
tungsdienstleistungen schwer zu ermitteln, sondern die *Leistungen* von Verwaltungen werfen große Probleme hinsichtlich ihrer Quantifizierung oder gar qualitativen
Beurteilung auf.[29] Am relativ besten ermittelbar sind noch die Kosten von „Ver-
waltungsprodukten" (wie etwa einer Führerscheinerteilung). Dafür werden die zu

---

[25] *Kuhlmann* (Fußn. 12), S. 156.

[26] *Kuhlmann* (Fußn. 12), S. 156, ebd.

[27] Definition „Lernen von den Besten" durch *R. C. Camp,* Benchmarking, 1994; im Übrigen *Kuhlmann* (Fußn. 12), S. 156.

[28] *J. Hollenrieder,* in: Kuhlmann/Bogumil/Wollmann (Hrsg.), Leistungsmessung und -ver-
gleich in Politik und Verwaltung, 2004, S. 148 (153); *Seckelmann,* DVBl. 2010
(Fußn. 10), S. 1284; *I. Proeller/J. P. Siegel,* der moderne staat 2009, S. 455; *KPMG,*
Leistungsvergleiche in der staatlichen Verwaltung, 2009, S. 10.

ihrer Erstellung aufgewendete Arbeitskraft von Verwaltungsmitarbeitern[30] zuzüglich der Sachkosten im Rahmen einer Kosten- und Leistungsrechnung über (ggf. auch zeitweilige und extrapolierte) Zeitaufschreibungen generiert, sodann die Gesamtkosten mit der Zahl der (gezählten oder auf valider Zahlengrundlage hochgerechneten) Fälle multipliziert und schließlich den weiteren (ermittelbaren oder pauschalisierten) Kosten hinzurechnet. Die so gewonnenen Zahlen können dazu genutzt werden – wie bei den freiwilligen „Interkommunalen (IKO-)Vergleichsringen" der Kommunalen Gemeinschaftsstelle für Verwaltungsmanagement (KGSt)[31] und den Projekten „kik" und „Kompass" der Bertelsmann-Stiftung[32] geschehen – „Produkthaushalte" (nach skandinavischem Vorbild) aufzustellen.[33]

Die treibende Kraft für Leistungsvergleiche im Verwaltungsbereich war bislang die kommunale Ebene. Im Zuge der dortigen Einführung des sogenannten *Neuen Steuerungsmodells*[34] wurden wettbewerbliche bzw. wettbewerbsähnliche Instrumente eingeführt.[35] Um Wettbewerb in der öffentlichen Verwaltung zu stimulieren oder zumindest zu simulieren, werden *Informationen* über Verwaltungsleistungen erhoben. Diese Informationen können unter bestimmten Voraussetzungen (dazu III.) miteinander verglichen werden. Dadurch kann laut dem *Neuen Steuerungsmodell* zugrunde liegenden Theorie Wettbewerb substituiert werden.[36]

---

[29] Zu weiteren Einzelheiten vgl. u. a. *F. Nullmeier*, in: Blanke/ders./Reichard/Wewer (Hrsg.), Handbuch zur Verwaltungsreform, 4. Aufl. 2011, S. 465.

[30] Wird in diesem Artikel für Funktionen oder Amtsbezeichnungen die männliche Form benutzt, ist die weibliche davon mit umfasst.

[31] Zuvor „Kommunale Gemeinschaftsstelle für Verwaltungsvereinfachung", zu ihren Vergleichsringen vgl. *R. Korte*, in: Kuhlmann/Bogumil/Wollmann (Hrsg.), Leistungsmessung und -vergleich in Politik und Verwaltung, 2004, S. 123.

[32] *G. Tebbe*, in: Kuhlmann/Bogumil/Wollmann (Hrsg.), Leistungsmessung und -vergleich in Politik und Verwaltung, 2004, S. 138.

[33] Das betrifft vor allem Schweden, vgl. *L. Strid*, in: Kuhlmann/Bogumil/Wollmann (Hrsg.), Leistungsmessung und -vergleich in Politik und Verwaltung, 2004, S. 267. Zu ähnlichen Ansätzen in Norwegen vgl. den Beitrag von *Askim*, zu Großbritannien von *Wegener*, zu Österreich von *Pleschberger* und zu Italien von *Longo/Plamper* im selben Band.

[34] Dazu statt vieler *V. Mehde*, Neues Steuerungsmodell und Demokratieprinzip, 2000.

[35] Zu Märkten und Quasi-Märkten vgl. u. a. *M. Martini*, Der Markt als Instrument hoheitlicher Verteilungswirkung, 2008; zum interkommunalen Leistungsvergleich grundsätzlich *Kuhlmann* (Fußn. 12), S. 4, sowie die weiteren Beiträge in diesem Band.

[36] Vgl. hierzu u. a. *A. Musil*, Wettbewerb in der staatlichen Verwaltung, 2005; *Mehde* (Fußn. 34) und die in Fußnote 10 genannten Nachweise.

III.

Performance-Measurement : Definitionen und -Unterfälle

Ein *performance measurement*, ein Leistungsvergleich oder ein *benchmarking* kann sich auf verschiedene Gegenstände beziehen und mit verschiedenen Methoden vorgenommen werden. Das soll anhand der Unterbegriffe des *benchmarking* exemplifiziert werden (für das *performance measurement* und den Leistungsvergleich gilt Ähnliches): Bezogen auf den verglichenen Gegenstand unterscheidet man zwischen einem *Organisations-* und einem *Leistungsbenchmarking*. Stellt man auf den Grad der Autonomie der Verglichenen ab, so lässt sich zwischen Formen *pflichtigen* oder *freiwilligen, externen* oder *internen benchmarkings* unterscheiden.[37] Ein *externes benchmarking* bezieht sich auf Leistungsvergleiche zwischen unterschiedlichen Organisationseinheiten (bspw. Verwaltungsbehörden oder Kommunen), welche anhand einheitlicher Indikatoren interorganisatorisch bzw. -kommunal vollzogen werden. Ein *internes benchmarking* stellt demgegenüber einen „intraorganisatorische[n] und intraadministrative[n] Quasi-Wettbewerb zwischen Handlungseinheiten und handelnden Gruppen"[38] dar. *Pflichtige* Leistungsvergleiche kommen in der deutschen Verwaltung nur bei *internen* (also intraorganisatorischen) Leistungsvergleichen vor (z. B. zwischen nachgeordneten Behörden innerhalb einer Landesverwaltung).[39]

IV.

Art. 91d GG: Eine Regelung von Informationsgenerierung auf Verfassungsebene

1. Zu den Gründen für die Einführung von Art. 91d GG im Exekutivföderalismus

Aufgrund der bestehenden grundgesetzlichen Beschränkungen sind *ebenenübergreifende externe* Leistungsvergleiche nur auf *freiwilliger Basis* möglich: Da die Länder die Bundesgesetze gemäß Art. 83 GG grundsätzlich als eigene Angelegenheiten ausführen, liegt die Organisationshoheit grundsätzlich bei den

---

[37] *H. Wollmann*, in: Kuhlmann/Bogumil/ders. (Hrsg.), Leistungsmessung und -vergleich in Politik und Verwaltung, 2004, S. 21 (38).

[38] *Wollmann* (Fußn. 37).

[39] Bspw. zwischen Finanzämtern: Landtag Rheinland-Pfalz, 15. Wahlperiode, Unterrichtung durch die Landesregierung zu dem Beschluss des Landtags vom 21. September 206 zu Drucksache 15/265 (Plenarprotokoll 15/7, S. 329), Schlussbericht der Landesregierung im Entlastungsverfahren für das Haushaltsjahr 2004, Drs. 15/749 zu Drs. 15/265 (01.02.2007), Anl. 2 (zu Textziffer 28 i): Leistungsvergleich zwischen Finanzämtern, 19, zur Sozialverwaltung vgl. *S. von Bandemer/B. Blanke*, Leitfaden Benchmarking im öffentlichen Sektor am Beispiel der Suchtberatungsstellen in Niedersachsen, 1997.

Ländern (vgl. Art. 84 GG). Jenseits der wenigen Fälle der Ausführung von Gesetzen durch bundeseigene Verwaltung bzw. durch bundeseigene Anstalten und Körperschaften des öffentlichen Rechts auf der einen Seite oder aber der Bundesauftragsverwaltung gemäß Art. 85 GG auf der anderen Seite gestaltet sich für den Bund als schwierig, Informationen über die Funktionsweise oder gar Effizienz von Landesverwaltungen bei der Ausführung von Bundesrecht zu bekommen. Denn das Aufsichtsrecht der Bundesregierung nach Art. 84 Abs. 3 S. 1 GG umfasst *nicht* die Bildung von Indikatoren für einen Leistungsvergleich![40] Hinsichtlich der Kommunen steht das Verbot des Art. 84 Abs. 1 Nr. 7 GG ohnehin der Möglichkeit der Aufgabenübertragung und damit auch der Vorgabe von Leistungsindikatoren durch den Bund entgegen (zu beachten ist auch Art. 28 Abs. 2 GG).

2. Zum Regelungsgehalt des Art. 91d GG

Nach Art. 91d GG können „Bund und Länder [...] zur Feststellung und Förderung der Leistungsfähigkeit ihrer Verwaltungen Vergleichsstudien durchführen und die Ergebnisse veröffentlichen".[41] Gleichwohl sind auch nach Einfügung dieser Bestimmung in das Grundgesetz ebenenübergreifende Leistungsvergleiche nur auf *freiwilliger* Basis möglich.[42]

a) Der Art. 91d GG als *fakultative Gemeinschaftsaufgabe*

Art. 91d GG betrifft die Durchführung von „Vergleichsstudien" zwischen den Behörden der einzelnen Gebietskörperschaften, zwischen jenen einzelner oder aller Länder und zwischen dem Bund und einem Land bzw. mehreren oder allen Ländern.[43] Über die Einzelheiten der Durchführung von Leistungsvergleichen können

---

[40] *Seckelmann*, DVBl. 2010 (Fußn. 10), S. 1285; *dies.*, in: Blanke/Nullmeier/Reichard/Wewer (Fußn. 10), S. 575; *Wollmann* (Fußn. 37), S. 33. Allerdings ist nach hiesiger Ansicht die Beteiligung des Bundes an Leistungsvergleichen im Rahmen der Kompetenz zur Einrichtung von Behörden und Regelung des Verwaltungsverfahrens nach Art. 84 Abs. 1 S. 1 (sofern die Länder oder [noch] nicht alle Länder keinen Gebrauch von ihrer Ermächtigung zur Abweichungsgesetzgebung gemacht haben) und S. 5 GG in bestimmten Fällen möglich, vgl. dazu Abschnitt V.3.a).

[41] Vgl. dazu die Nennungen in Fußnote 10, 12 und 14 sowie *B. Adamaschek*, Leistungsvergleiche in der öffentlichen Verwaltung. 7 Thesen zu Art. 91d GG. Im Auftrag der Bertelsmann-Stiftung, 2010; *I. Kemmler*, DÖV 2009, S. 549 (550f.).

[42] *Seckelmann*, DVBl. 2010 (Fußn. 10), S. 1285; *dies.*, in: Blanke/Nullmeier/Reichard/Wewer (Fußn. 10), S. 575.

[43] *Sieckmann*, in: Sachs, Grundgesetz, 6. Aufl. 2011, zu Art. 91d GG, Rdnr. 5. Notwendig wurde die Einfügung der Norm jedoch wegen der Vergleiche zwischen dem Bund und einem, mehreren oder allen Ländern wegen der damit verbundenen faktischen Gefahr für die Eigenstaatlichkeit der Länder, vgl. *T. Hammer*, DVBl. 2012, S. 525.

Bund und Länder Vereinbarungen schließen. Derartige Vereinbarungen können nach der Begründung des Gesetzentwurfs „insbesondere die generelle oder einzelfallbezogene Beauftragung einer durch Kompetenz und Unabhängigkeit ausgewiesenen Einrichtung mit der Durchführung von Leistungsvergleichen, die Bestimmung des Gegenstands und der Methoden der Vergleichsstudien, die teilnehmenden Verwaltungen, die Art und Weise der Veröffentlichung der Ergebnisse und die Kostentragung" zum Gegenstand haben.[44]

Es lässt sich diesbezüglich eine Anleihe bei Art. 170 der Schweizerischen Bundesverfassung nehmen, wonach die Bundesversammlung für eine Überprüfung der Wirksamkeit der Maßnahmen des Bundes zu sorgen hat. Diese Bestimmung wird als Grundlage für die Beauftragung unabhängiger Einrichtungen (z. B. Forschungsinstitute) mit diesen Wirkungsüberprüfungen interpretiert.[45] Teilweise wird die Bestimmung des Art. 91d GG aus diesem Grunde aber auch als eine Art ‚Arbeitsbeschaffungsmaßnahme' für Unternehmensberatungen gegeißelt.[46] Dieses in Rechnung stellend, soll hier die These vertreten werden, dass unabhängige Forschungsinstitute, deren Kosten (grundsätzlich oder für den jeweiligen Leistungsvergleich von den betroffenen Gebietskörperschaften getragen werden) den idealen Akteur zur Durchführung von Vergleichsstudien darstellen.[47] Denkbar wäre es auch, aufgrund einer entsprechenden Vereinbarung (auf deren Rechtsnatur weiter unten eingegangen werden soll), eine Behörde einer der teilnehmenden Gebietskörperschaften (z. B. den Nationalen Normenkontrollrat oder das Statistische Bundesamt) mit der Durchführung einer konkreten, durch die Vereinbarung abgedeckten und gemeinschaftlich finanzierten Studie zu beauftragen. In diesem Falle haben die anderen Gebietskörperschaften vereinbarungsgemäß ihre Daten zur Verfügung zu stellen.

In beiden Fällen wird die Frage der Kostentragung für diese Studien relevant. Die Begründung des Gesetzentwurfs geht davon aus, dass die aufgrund von Art. 91d GG schließbaren Vereinbarungen „die teilnehmenden Verwaltungen, die Art und Weise der Veröffentlichung der Ergebnisse und die Kostentragung" zum Gegenstand haben können.[48] Und hier liegt der Umstand, dass es sich im Falle

---

[44] So der Entwurf eines Gesetzes zur Änderung des Grundgesetzes (Artikel 91c, 91d, 104b, 109, 109a, 115, 143d) der Fraktionen der CDU/CSU und SPD vom 24.03.2009, BT-Drs. 16/12410, S. 10; sowie der entsprechende Gesetzesentwurf der Länder Baden-Württemberg und Bremen im Bundesrat vom 24.03.2009, BR-Drs. 262/09, S. 20.

[45] *L. Mader*, in: Widmer/Beywl/Fabian (Hrsg.), Evaluation. Ein systematisches Handbuch, 2009, S. 52 (55).

[46] *Siekmann*, in: Sachs, Grundgesetz, Kommentar, 2011, zu Art. 91d GG, Rdnr. 6.

[47] *Seckelmann*, in: Hill/Schliesky (Fußn. 10).

[48] BT-Drs. 16/12410 (Fußn. 44), S. 10; BR-Drs. 262/09 (Fußn. 44) , S. 20.

Art. 91d GG um eine *fakultative Gemeinschaftsaufgabe*[49] und nicht (lediglich) um einen Fall der „Verwaltungszusammenarbeit" ist, die neu in die Überschrift der Art. 91a ff. GG (Abschnitt VIIIa des Grundgesetzes) neben den „Gemeinschafts-aufgaben" aufgenommen wurde.[50]

Denn es ist in der Literatur anerkannt, dass die Kooperationsformen der Art. 91a und b GG eine Durchbrechung des Grundsatzes der Ausgabentrennung (Art. 104a Abs. 1 GG) darstellen können.[51] Werden nun bei der Finanzierung ‚fremdvergebe-ner' Studien nach Art. 91d GG Finanzen von Bund und Ländern zusammengeführt, so befinden sich die teilnehmenden Gebietskörperschaften dank der Einfügung des Art. 91d in das Grundgesetz gleichsam „auf der sicheren Seite".[52]

Zwar hat der Verfassungsgesetzgeber die „Kostentragung" in Art. 91d GG anders als in Art. 91b Abs. 3 GG (vgl. auch Art. 91c Abs. 2 S. 4 GG bzw. Art. 91a Abs. 3 GG) nicht geregelt, da auch nicht von „Vereinbarungen" wie bei Art. 91b Abs. 2 GG die Rede ist. Es handelt sich aber wohl nicht um ein bewusstes Schweigen des Gesetzgebers, wenn man sich die Gesetzesbegründung vor Augen hält, in welcher als Grund für die Aufnahme von Art. 91d in das Grundgesetz die „Kostentragung" von Vergleichsstudien angegeben wurde.[53] Betrachtet man damit die Frage der Kostentragung als von Art. 91d GG umfasst, so würde dieser Artikel in jedem Fall zu einer eigenständigen Kooperationsnorm im Sinne des Abschnitts VIIIa des Grundgesetzes.[54] Aus diesem Grunde lässt sich der Vorwurf der Aufnahme lediglich ‚symbolischer' Bestimmungen in die Verfassung[55] entkräften, da der Gesetz-

---

[49] Begriff von *Seckelmann*, DÖV 2009 (Fußn. 12), S. 747 (748); *dies.*, in: Seckelmann/Lange/Horstmann (Hrsg.), Die Gemeinschaftsaufgaben von Bund und Ländern in der Wissenschafts- und Bildungspolitik, 2010, S. 65 (72) sowie *dies.*, in: Hill/Schliesky (Fußn. 10), S. 212; *dies.*, in: Blanke/Nullmeier/Reichard/Wewer (Fußn. 10), S. 576; *dies.*, DVBl. 2010 (Fußn. 10), S. 1287; so jetzt auch *Siekmann*, in: Sachs, Grundgesetz, Kommentar, 2011, zu Art. 91d GG, Rdnr. 2.

[50] Zu Recht weist *Siekmann*, in: Sachs, Grundgesetz, Kommentar, 2011, zu Art. 91d GG, Rdnr. 24, darauf hin, dass nach der Änderung der Überschrift des Art. VIIIa GG im Rahmen der zweiten Etappe der Föderalismusreform die überkommene Lehre von den „echten" und den „unechten" Gemeinschaftsaufgaben zu überdenken ist.

[51] Vgl. u. a. *Mager*, in: von Münch/Kunig, Grundgesetz, Bd. 2, 6. Aufl. 2012, zu Art. 91a GG, Rdnr. 4, Rdnr. 64, und zu Art. 91b, Rdnr. 26.

[52] *Seckelmann*, in: Blanke/Nullmeier/Reichard/Wewer, (Fußn. 10), S. 577, in diesem Sin-ne auch *Volkmann*, in: von Mangoldt/Klein, Grundgesetz, Bd. 3, 6. Aufl. 2010, zu Art. 91d GG, Rdnr. 1.

[53] BT-Drs. 16/12410 (Fußn. 44), 10; BR-Drs. 262/09 (Fußn. 44), S. 20.

[54] *Seckelmann*, in: Hill/Schliesky (Fußn. 10), S. 211f.; *dies.*, in: Blanke/Nullmeier/Rei-chard/Wewer (Fußn. 10), S. 577; *dies.*, DVBl. 2010 (Fußn. 10), S. 1286.

[55] *Sichel* (Fußn. 12), S. 1019; *Sieckmann*, in: Sachs, Grundgesetz, 6. Aufl. 2011, zu Art. 91d GG, Rdnr. 9; *Suerbaum*, in: Epping/Hillgruber, Grundgesetz, Kommentar, 2012, zu Art. 91d GG, Rdnr. 7f.

geber ersichtlich darum bemüht war, eine Kooperationsnorm in das Grundgesetz einzufügen, die eine Finanzierung von Leistungsvergleichen durch beauftragte unabhängige Institute ermöglicht.

Materiell wurde wie bei der Einfügung von Artikel 91b in das Grundgesetz eine neue *fakultative Gemeinschaftsaufgabe*[56] geschaffen. Denn die Einfügung von Art. 91b in das Grundgesetz diente im Rahmen der Finanzreform von 1969 dazu, das auch zuvor mögliche und praktizierte Dotationswesen zwischen Bund und Ländern (sogenannte „Steuerung am goldenen Zügel") verfassungsrechtlich abzusichern und gleichzeitig Transparenz hinsichtlich der vielen bilateralen Beziehungen zu schaffen, was insbesondere von den Ländern gefordert worden war. Des Weiteren sollte die Aufnahme des Art. 91b in das Grundgesetz die – seinerzeit verfassungsrechtlich umstrittene – Selbstkoordinierung zwischen den Ländern auf eine verfassungsrechtliche Grundlage stellen.[57] Vergleichbar lässt sich auch Art. 91d GG als Norm zur Transparenzschaffung hinsichtlich der bereits bestehenden Leistungsvergleichs-Ansätze deuten.

Zu einer Gemeinschaftsaufgabe wird Art. 91d GG aber auch noch aus einer anderen Überlegung heraus: Nimmt man eine *wirkungsbezogene* Betrachtungsweise ein, so besteht die vom Bundesverfassungsgericht für verfassungswidrig erkannte[58] Gefahr einer „Mischverwaltung" bereits dann, wenn die freie Willensbildung einer (schwächeren) Gebietskörperschaft (i. d. R. eines Landes), an einem Leistungsvergleich teilzunehmen oder aber eine *best practice*-Lösung umzusetzen, beeinflusst werden kann.[59] Die „Einflussmöglichkeit des Bundes", durch Schaffung öffentlichen Anpassungsdrucks ein Land in der Wahl seiner Gestaltungsoptionen zu beeinflussen, droht nicht nur die durch das Bundesstaatsprinzip (Art. 20 Abs. 1 GG) geschützte Eigenstaatlichkeit der Länder

---

[56] Unschön wird oftmals auch von „unechten Gemeinschaftsaufgaben" gesprochen. Dieser Begriff hatte sich aufgrund der Überschrift des Abschnitts VIIIa („Gemeinschaftsaufgaben") entwickelt: Da die Legaldefinition in Art. 91a GG aber die dort geregelten Formen des Zusammenwirkens zwischen Bund und Ländern erfasste, sprach man bezogen auf die Fälle des Art. 91b GG von „unechten" Gemeinschaftsaufgaben. Wie *Siekmann*, in: Sachs, Grundgesetz, Kommentar, 2011, zu Art. 91d GG, Rdnr. 24, mit Recht ausführt, ist nach der Änderung der Überschrift des Art. VIIIa GG im Rahmen der zweiten Etappe der Föderalismusreform die Möglichkeit gegeben, treffendere Bezeichnungen für diese Kooperationsnormen zu wählen, vgl. Fußnote 49. Daher soll hier der Begriff der „fakultativen Gemeinschaftsaufgaben" gewählt werden, zu diesem Begriff vgl. die Nachweise in Fußnote 49.

[57] *Mager*, in: von Münch/Kunig, Grundgesetz, Bd. 2, 6. Aufl. 2012, zu Art. 91b GG, Rdnr. 1; *Seckelmann*, DÖV 2009 (Fußn. 12), S. 750; *dies.*, in: Hill/Schliesky (Fußn. 10), S. 212; *Volkmann*, in: von Mangoldt/Klein, Grundgesetz, Bd. 3, 6. Aufl. 2010, zu Art. 91d GG, Rdnr. 1.

[58] BVerfG vom 20. Dezember 2007 – 2 BvR 2433/04, 2434/04 - , BVerfGE 119, S. 331.

[59] *Hammer* (Fußn. 43), S. 530f.

zu beeinflussen, sondern könnte *im Ergebnis* auch die Gefahr der Schaffung von (verfassungsrechtlich verbotenen) „Mitplanungs-, Mitverwaltungs- und Mitentscheidungsbefugnisse[n] des Bundes gleich welcher Art im Aufgabenbereich der Länder"[60] herbeiführen.[61]

Es bleibt allerdings festzuhalten, dass im Hinblick auf die geschaffene Ausnahme zu Art. 104a Abs. 1 GG eine verfassungsrechtliche Klarstellung *de constitutione ferenda* wünschenswert wäre.[62]

b) Zum dem Art. 91d GG zugrunde liegenden Föderalismusverständnis

Im Ergebnis konkretisiert Art. 91d GG das Bundesstaatsprinzip nach Art. 20 Abs. 1 GG: Der „gestaltende"[63] Föderalismus, der als Gedanke den beiden Etappen der Föderalismusreform zugrunde lag, tritt nunmehr mit ‚grundgesetzlicher Billigung' neben die Aussagen des Art. 20 Abs. 1 GG der Bundestreue[64] und des Gebots bundesfreundlichen Verhaltens.[65] Für eine solche Auffassung spricht auch das Wort „Förderung" der Leistungsfähigkeit der Verwaltungen von Bund und Länder, welches neben demjenigen der „Feststellung" genannt wird. Diese Bestimmung hat allerdings eher konkretisierenden Charakter und ist nicht mit der gängigen Interpretation des Art. 91a GG durch die Literatur zu verwechseln: Diese Verfassungsbestimmung wird nämlich überwiegend als ein *Verfassungsauftrag* zum Zusammenwirken mit dem Ziele der Effektivierung der in Art. 91a GG geregelten materiellen Gegenstände verstanden.[66] Hiervon ist Art. 91d GG zu differenzieren, der als *eine* grundgesetzliche Konkretisierung eines bestimmten Aspektes des Bundesstaatsprinzips zu interpretieren ist und der Kompetenzordnung des Grundgesetzes partiell „gestaltenden", partiell kooperativen Charakter verleiht.[67]

---

[60]   BVerfGE 119, S. 331.

[61]   So *Hammer* (Fußn. 43), S. 530f. mit Bezug auf BVerfGE 119, S. 331.

[62]   *Seckelmann*, DVBl. 2010 (Fußn. 10), S. 1286.

[63]   Zum „Gestaltungsföderalismus" vgl. *F. Scharpf*, in: Seckelmann/Lange/Horstmann, Die Gemeinschaftsaufgaben von Bund und Ländern in der Wissenschafts- und Bildungspolitik, 2010, S. 19.

[64]   Zur Bundestreue grundlegend *H. Bauer*, Die Bundestreue, 1992.

[65]   *Seckelmann*, in: Hill/Schliesky (Fußn. 10), S. 212; *dies.*, in: Blanke/Nullmeier/Reichard/Wewer (Fußn. 10), S. 577; *dies.*, DVBl. 2010 (Fußn. 10), S. 1288.

[66]   *Heun*, in: Dreier, Grundgesetz, Bd. III, 2. Aufl. (2008), zu Art. 91a GG, Rdnr. 8 m.w.N.; *Mager*, in: von Münch/Kunig, Grundgesetz, Bd. 2, 6. Aufl. 2012, zu Art. 91a GG, Rdnr. 4.

[67]   *Seckelmann*, DÖV 2009 (Fußn. 12), 757; *dies.*, in: Hill/Schliesky (Fußn. 10), S. 212; *dies.*, in: Blanke/Nullmeier/Reichard/Wewer (Fußn. 10), S. 577; *dies.*, DVBl. 2010 (Fußn. 10), S. 1288; vgl. für den Stand vor den beiden Etappen der Föderalismusreform

So ist auch die auf den ersten Blick bestehende Paradoxie[68] zu erklären, dass zum Zwecke der Steigerung des Wettbewerbs zwischen den Gebietskörperschaften eine weitere Möglichkeit zur Ebenenverschränkung zwischen Bund und Ländern in das Grundgesetz aufgenommen wurde. Die Einfügung von Art. 91d in das Grundgesetz wurde dementsprechend in den Gesetzesberatungen damit gerechtfertigt, dass diese der Verwirklichung der Ziele der Föderalismusreform, der Transparenzschaffung und der Etablierung eines „Wettbewerb[s] um innovative Lösungen" und der Etablierung eines „kontinuierlichen Verbesserungsprozesses in der Verwaltung" dienen sollten, indem sie die „Vorzüge des föderativen Wettbewerbs zur Geltung" brächten und (durch Bereitstellung steuerungsrelevanter Informationen) „faktisch die parlamentarische Kontrollfunktion" stärkten.[69]

c) „Governance by information"

Die verfassungsrechtliche Absicherung der Durchführung und vor allem Veröffentlichung von Vergleichsstudien trägt zudem der in jüngerer Zeit verstärkt erhobenen Forderung Rechnung, auch die Erhebung und Veröffentlichung von Informationen[70] über die ‚Leistungsfähigkeit' von Körperschaften normativ abzusichern.[71] Denn es wird – bislang zumeist bezogen auf die OECD – zunehmend problematisiert, ob die Erhebung und Veröffentlichung von Daten zur Leistungsfähigkeit von Gebietskörperschaften durch unabhängige Organisationen nicht materiell die Ausübung öffentlicher Gewalt darstelle. Eine derartige *governance by information* wird bei Zugrundelegung einer wirkungsbezogenen Betrachtungsweise zumindest dann bejaht, wenn derartige Berichte zusätzlich zur Veröffentlichung von Kennzahlen *policy*-Empfehlungen enthalten.[72] Daher wird teilweise *de lege ferenda* die normative Strukturierung der Beobachtungsinstrumente internationaler Organisationen eingefordert.[73] Mit *Thomas Giegerich* lässt sich zudem eine „Regulierung des Regulierungswettbewerbs durch Metarechtsordnungen" fordern.[74] Insoweit kann der

---

auch *V. Mehde*, Wettbewerb zwischen Staaten, 2005, 131f.; zum Begriff des „Gestaltungsföderalismus", der in der Föderalismusreform" anstelle desjenigen des „Wettbewerbsföderalismus" von den Ländern ins Spiel gebracht wurde, vgl. *Scharpf* (Fußn. 63), S. 19.

[68] So *Seckelmann*, in: Hill/Schliesky (Fußn. 10), S. 212; *dies.*, in: Blanke/Nullmeier/Reichard/Wewer (Fußn. 10), S. 577; *dies.*, DVBl. 2010 (Fußn. 10), S. 1288; *Volkmann*, in: von Mangoldt/Klein, Grundgesetz, Bd. 3, 6. Aufl. 2010, zu Art. 91d GG, Rdnr. 1.

[69] BR-Drs. 262/09 (Fußn. 44), S. 16.

[70] Zur systembildenden Bedeutung von Information vgl. die Nachweise in Fußnote 18.

[71] *Guckelberger* (Fußn. 11); *Schuppert* (Fußn. 19), S. 259.

[72] *v. Bogdandy/Goldmann*, ZaöRV 2009 (Fußn. 20), S. 51; *Möllers* (Fußn. 20), S. 249f.; vgl. auch *Guckelberger* (Fußn. 11), 219.

[73] *v. Bogdandy/Goldmann*, ZaöRV 2009 (Fußn. 20), S. 51.

[74] *Giegerich* (Fußn. 22), S. 81.

Art. 91d GG als ein Versuch des verfassungsändernden Gesetzgebers interpretiert werden, einen grundgesetzlichen Anhaltspunkt für eine entsprechende (‚Meta'-) Vereinbarung zwischen den Gebietskörperschaften zu schaffen.[75]

d) Zu den (möglicherweise) betroffenen wehrfähigen Rechten Dritter

Art. 91d GG bringt so verstanden – obwohl im Kompetenzteil des Grundgesetzes geregelt[76] – die Erkenntnis in die funktionslogische Notwendigkeit der rechtlichen Umhegung derartiger Wissensbeschaffungs- und (deutlicher noch) Wissensveröffentlichungsvorgänge zum Ausdruck, deren letztere bei Betroffenheit der Grundrechte Dritter, etwa des Allgemeinen Persönlichkeitsrechts nach Art. 2 Abs. 1 i. V. m. 1 Abs. 1 GG (zu denken ist auch an mögliche Rechte der Verwaltungsmitarbeiter, etwa nach Art. 33 Abs. 5 GG) oder möglicher betroffener Geschäftsgeheimnisse Dritter (u. a. nach Art. 14 Abs. 1 GG, ggf. i. V. m. Art 19 Abs. 3 GG)[77] gesetzlich – insbesondere datenschutzrechtlich – zu konkretisieren sind. Es dürfen nach Art. 91d GG nur die *Ergebnisse* von Vergleichsstudien, also nicht die Stammdaten, sondern nur hochaggregierte Daten, aus denen keine Rückschlüsse auf Individuen mehr möglich sind, veröffentlicht werden.

e) Zur zu wählenden Rechtsform der Übereinkunft zwischen den sich vergleichenden Gebietskörperschaften

Die Datenbasiertheit der Vergleichsstudien wirkt sich auch auf die Rechtsnatur der Vereinbarungen aus, die nach der Gesetzesbegründung zwischen Bund und Ländern über die Durchführung von Vergleichsstudien abgeschlossen werden können sollen.[78] In der Literatur werden dafür sowohl Staatsverträge wie Verwaltungsabkommen wie schriftlich abgeschlossene politische Absprachen für zulässig er-

---

[75] So lässt sich auch die Begründung des Gesetzentwurfs (BT-Drs. 16/12410, Fußnote 44) auf S. 10 lesen. Auf die Art des zu wählenden Abkommens soll unter IV.2.e) näher eingegangen werden.

[76] Zu den Problemen einer „materiellen" Interpretation von Zuständigkeitsvorschriften vgl. u. a. *M. Fügemann*, Zuständigkeit als organisationsrechtliche Kategorie, 2004, S. 124 ff., m.w.N. Zur Frage einer Ableitung von Pflichten des Gesetzgebers aus Kompetenznormen vgl. *St. Huster*, Zeitschrift für Rechtssoziologie 24 (2003), S. 3 m.w.N.

[77] Das kann – ähnlich wie bei den Informationsfreiheitsgesetzen der Länder – beispielsweise dann der Fall sein, wenn sich eine „Verwaltungsleistung" (etwa eine Umweltverträglichkeitsprüfung) nur auf ein Unternehmen in der untersuchten Gebietskörperschaft beziehen kann.

[78] BT-Drs. 16/12410 (Fußn. 44), S. 10; BR-Drs. 262/09 (Fußn. 44) , S. 20.

klärt.[79] Werden allerdings (wie oben beschrieben) durch die Vereinbarung im konkreten Falle Grundrechte berührt und ist daher zur Umsetzung ein Gesetz erforderlich oder werden aus anderen Gründen gesetzlich zu regelnde Sachfragen in die Vereinbarung aufgenommen, muss diese in Form eines *Staatsvertrags* vorgenommen werden. Beim Eingehen derartiger Bindungen ist auch der Haushaltsvorbehalt der Parlamente zu beachten.[80]

Die mögliche Wirkmächtigkeit des auf den ersten Blick so unbedeutend aussehenden Art. 91d GG sollte im Übrigen nicht unterschätzt werden. Erneut sei ein Blick in das Ausland geworfen: Die Aufnahme der Wirkungsüberprüfungen in Art. 170 der Schweizer Bundesverfassung, wonach der Bundesversammlung die Aufgabe obliegt, für die Überprüfung der Wirksamkeit der Maßnahmen des Bundes zu sorgen, hat sich nach Einschätzung der Schweizer Rechtspraxis zu einer Basis „evidenzgestützte[r] Gesetzgebung" entwickelt und somit auch einen „wesentlichen Beitrag zur Qualität der Gesetzgebung" geleistet.[81]

Die Einfügung von Art. 91d in das Grundgesetz könnte möglicherweise ebenfalls eine Tendenz zu wirkungsorientierter Gesetzgebung auslösen.[82] Ihre verfassungsmäßige Absicherung ist zumindest aus Klarstellungsgründen zu begrüßen, auch wenn dem Artikel selbstverständlich auch eine gewisse Signalwirkung zukommen soll.[83] Erfreulich ist ebenfalls die der Föderalismusreform II zugrundeliegende pragmatische Einsicht in die Notwendigkeit von Koordination (also einer gewissen Verflechtung) als funktionslogischer Voraussetzung einer effizienten und effektiven Aufgabenwahrnehmung durch Bund und Länder.[84]

3. Vorbilder

Wie bereits erwähnt, hatte die Einführung institutioneller Anreize und Absicherungen zur Stimulierung des Wettbewerb in der öffentlichen Verwaltung ihre Vorläu-

---

[79] *Heun,* in: Dreier, Grundgesetz, Kommentar, Supplementum 2010, zu Art. 91d GG, Rdnr. 5; *Volkmann,* in: von Mangoldt/Klein, Grundgesetz, Bd. 3, 6. Aufl. 2010, zu Art. 91d GG, Rdnr. 1 („nicht notwendigerweise Staatsverträge"); das Schriftlichkeitserfordernis findet sich nicht bei *Mager,* in: von Münch/Kunig, Grundgesetz, Bd. 2, 6. Aufl. 2012, zu Art. 91d GG, Rdnr. 3 („unterliegen keiner spezifischen Form); ähnlich *Henneke,* Der Landkreis 2009, S. 223 (229).

[80] *Pieroth,* in: Jarass/ders. Grundgesetz, 10. Aufl. 2009, zu Art. 91b GG, Rdnr. 6.

[81] *Mader* (Fußn. 45), S. 63.

[82] *Seckelmann,* DÖV 2009 (Fußn. 12), S. 575.

[83] Vgl. die Begründung des Gesetzentwurfs, BT-Drs. 16/12410 (Fußn. 44), S. 10. Insoweit ist *Suerbaum,* in: Epping/Hillgruber, Grundgesetz, 2009, zu Art. 91d GG, Rdnr. 8 natürlich zuzustimmen, dass der Aufnahme des Art. 91d in das Grundgesetz zumindest auch ein Element der (von ihm kritisierten) symbolischen Gesetzgebung innewohnt.

[84] *Seckelmann* (Fußn. 12), S. 757; *A. Benz,* Jahrbuch des Föderalismus 8 (2008), S. 180.

fer. Dazu zählen die 2006 in das Grundgesetz aufgenommenen Leistungsmessungen im Bildungsbereich nach Art. 91b Abs. 2 GG. Daneben sind die angesprochenen IKO-Vergleichsringe und die entsprechenden Projekte der Bertelsmann-Stiftung zu nennen. Einen weiteren Anhaltspunkt bietet in diesem Zusammenhang auch das Haushaltsgrundsätzemodernisierungsgesetz vom 31. Juli 2009 als Voraussetzung für die Einführung betriebswirtschaftlicher Elemente in die öffentliche Haushaltsrechnung (wobei in vieler Hinsicht die Doppik wegen unterschiedlicher „Produktkataloge" die Vergleichbarkeit der Indikatoren keinesfalls erleichtert).[85] Auf Landesebene konnten in Rheinland-Pfalz auch mithilfe von sogenannten *Leistungsaufträgen* vom Parlament an die Regierung nach § 7b LHO Leistungskennzahlen erhoben werden.[86]

Einen Ausgangspunkt für die Aufnahme des *performance measurement*-Gedankens in das Grundgesetz stellt der 2006 eingesetzte[87] Nationale Nomenkontrollrat dar, der das Instrument der Abschätzung bestimmter Kostenfolgen von Gesetzen[88] bzw. die von den Ländern hierzu zur Verfügung gestellten Daten für (freiwillige) Organisationsvergleiche genutzt hat.[89]

Vorbild für die Einfügung des Art. 91d und zugleich Anlass für die Aufnahme des Art. 91b Abs. 2 in das Grundgesetz dürfte aber insbesondere das unionsrechtliche Verfahren der Offenen Methode der Koordinierung (OMK) gewesen sein. Dieses Verfahren der Politikkoordinierung zwischen den Europäischen Mitgliedstaaten ist auf das Weißbuch „Wachstum, Wettbewerbsfähigkeit und Beschäftigung" der Kommission von 1993 zurückzuführen und wurde formell im Rahmen der Schlussfolgerungen des Europäischen Rats von 2000 eingeführt.[90] Zu erwähnen ist *last but not least* die OECD, deren PISA-Studien das Instrumentarium interföderalen Leis-

---

[85] Gesetz zur Modernisierung des Haushaltsgrundsätzegesetzes und zur Änderung anderer Gesetze (Haushaltsgrundsätzemodernisierungsgesetz - HGrGMoG) vom 31.07.2009 (BGBl. I, S. 2580).

[86] Näheres hierzu in: *F. Edinger* (Red.), Stand und Perspektiven des Leistungsauftrags in Rheinland-Pfalz, 2006.

[87] Gesetz zur Einsetzung eines Nationalen Normenkontrollrates (NKRG) vom 14. August 2006 (BGBl. I, 1866).

[88] Näheres zu den gesetzlichen Aufgaben des Nationalen Normenkontrollrats (NKR) von 2006-2011 bei *J. Zülka*, DÖV 2009, S. 939 sowie *D. Dietze/G. Färber*, VM 2007, S. 283. Zu den umfassenderen Aufgaben des NKR ab der Änderung des NKRG durch Artikel 1 des Gesetzes vom 16. März 2011 (BGBl. I, S. 420) siehe *M. Seckelmann*, ZRP 2010, S. 213 (bezogen auf den Gesetzentwurf).

[89] *Bundeskanzleramt/Nationaler Normenkontrollrat* u. a., Einfacher zum Elterngeld, Abschlußbericht, 2009; *Bundeskanzleramt/Nationaler Normenkontrollrat* u. a., Einfacher zum Wohngeld, Abschlußbericht, 2009.

[90] Dazu statt vieler *A. Benz*, European Law Journal 13 (2007), S. 505; *T. Bodewig/T. Voß*, EuR 2003, S. 310; *C. Engel*, in: Hill/Pitschas (Hrsg.), Europäisches Verwaltungsverfahrensrecht, 2004, S. 409.

tungsvergleichs auf die politische Agenda gesetzt haben. Das von der OMK und den PISA-Studien genutzte Verfahren des *„naming and shaming"* ist ein *„soft law"*-Instrument, das mangelnde Kompetenzen zur direkten Steuerung wirkungsvoll zu kompensieren vermag, wenngleich es durchaus Fragen nach seiner legitimatorischen Absicherung aufwirft.[91]

V.

Mögliche Probleme

1. Die Komplexität der Indikatorengewinnung und -interpretation

Die Debatten um Hochschulratings und Hochschulrankings[92] zeigen es: *Performance measurements* und Leistungsvergleiche (und natürlich auch die *benchmarking*-Prozesse) stellen ein voraussetzungsvolles und hochkomplexes Unterfangen dar.[93] Eine „isolierte" Interpretation der dadurch generierten Daten verbietet sich daher von selbst.[94] Vielmehr sind vor der Vornahme derartiger Vergleiche deren Ziele und Maßstäbe eindeutig zu definieren, ebenso ist die Steuerungsrelevanz von Indikatoren zu bestimmen.

Das betrifft die Komplexität der untersuchten Leistung ebenso wie deren Begleitumstände. Wenn etwa die Sozialverwaltung in bestimmten Bezirken mit viel ALG II-Empfängern zeit- (und kosten-)intensiver arbeitet als andernorts, kann daraus nicht *per se* der Schluss gezogen werden, dass ein rein nach Kennzahlen ermitteltes „effektiveres" Tätigwerden den grundgesetzlichen Verhaltenserwartungen an Verwaltung in gleicher Weise Rechnung trägt (etwa hinsichtlich der Anforderungen der Sozialstaatlichkeit oder der Rechtsstaatlichkeit). Der öffentliche Sektor unterliegt auch im Leistungsbereich ganz anderen Bindungen als private Unternehmen, von denen das Instrument des Leistungsvergleichs bzw. des *benchmarkings* ‚importiert' wurde. Zu nennen sind etwa die Bindungen des Allgemeinen Gleichheits-

---

[91] Dazu *A. von Bogdandy/M. Goldmann*, International Organizations Law Review (Fußn. 20), S. 241; *dies.,* ZaRÖV 2009 (Fußn. 20), S. 52; *Guckelberger* (Fußn. 11), S. 219; *Möllers* (Fußn. 20).

[92] Zur Kritik an den *ratings* im Hochschulbereich vgl. u. a. *K. F. Gärditz*, WissR 2009, S. 353; *M. Seckelmann*, in: Berthold/Tag/Seidler/Scholz (Hrsg.), Handbuch Praxis Wissenschaftsfinanzierung, 2009, A 1.13, *dies.*, in: Benz/Kohler/Landfried (Hrsg.), Handbuch Qualität in Studium und Lehre, 2010, A 1.3,; *dies./F. Lauer/A. Jug*, Verwaltung & Management 2006, S. 195.

[93] Hierzu grundlegend *M. Power,* The Audit Society, 1997.

[94] Zu den Problemen der Bewertung von Leistungen vgl. auch *F. Reimer*: Qualitätssicherung. Grundlagen eines Dienstleistungsverwaltungsrechts, 2010. Zur sogenannten „spickmich"-Entscheidung des BGH vgl. *A.-B. Kaiser*, NVwZ 2009, S. 1474; *Seckelmann*, in: Benz/Kohler/Landfried (Fußn. 92), S. 17.

satzes des Art. 3 Abs. 1 GG bei distributiven Verwaltungsentscheidungen in Fällen echter Bewerberkonkurrenz. Daher sollte auch bei der Übernahme eines privatrechtlichen Instruments im Einzelfall sorgfältig abgewogen werden, ob tatsächlich Gleiches miteinander verglichen wird. Um unintendierte Effekte zu vermeiden,[95] sind demzufolge bei Leistungsvergleichen bzw. bei *benchmarkings* stets die spezifischen Umfeldfaktoren zu ermitteln.

Werden die „Leistungen" von Behörden verschiedener Ebenen im Bundesstaat (z. B. im Rahmen der Finanzverwaltung) verglichen, so ist bei den Vergleichen die unterschiedliche Mittelausstattung der Bundes- und der Landesverwaltung in Rechnung zu stellen.

2. Die Möglichkeit der Setzung von Fehlanreizen

Ein nachgerade „klassisches" Problem von Leistungsvergleichen ist nämlich, dass die Methode des Datenerhebens oder die Durchführung des Vergleichs neben den gewünschten Ergebnissen auch Fehlanreize und dadurch bewirkte Fehlsteuerungen bewirken kann.[96] In diesem Zusammenhang ist auf die Ambivalenz des Wortes *performance* hinzuweisen, welches sich ins Deutsche mit „Leistung" – aber auch „Inszenierung" – übersetzen lässt: Eine einseitige Betonung einfach zu messender Parameter kann dazu führen, dass andere, schwieriger quantifizierbare, aber für das Gemeinwohl ebenfalls bedeutsame Belange vernachlässigt werden. Zum anderen kann die Erhebung zu vieler Kennzahlen zu ‚Zahlenfriedhöfen'[97] führen. Dieses kann Ermüdungserscheinungen und demotivierende Effekte für die Verwaltungsmitarbeiter[98] zur Folge haben. Gefahren bestehen auch hinsichtlich motivationsschädlicher Auswirkungen auf die *underperformer*, die sich abgehängt zu fühlen und demzufolge den Leistungsvergleich zu unterlaufen drohen können.[99] Umgekehrt läge ein Fall gefährlichen ‚falschen' Lernens dann vor, wenn diejenigen, die bei einem solchen Vergleich relativ gut abschneiden, den Schluss daraus ziehen würden, dass ihre Organisation nunmehr keiner Veränderung mehr bedürfe – ‚Ver-

---

[95] *D. Braun*, in: Matthies/Simon (Hrsg.), Wissenschaft unter Beobachtung, 2008, S. 103; *M. Röbbecke*, in: Matthies/Simon (Hrsg.), Wissenschaft unter Beobachtung. Effekte und Defekte von Evaluationen (Leviathan Sonderheft 24/2007), 2008, S. 161.

[96] Nicht umsonst sprechen *H. Matthies* und *D. Simon* im Untertitel ihres Bandes „Wissenschaft unter Beobachtung" (Fußn. 95) von den Effekten und Defekten von Evaluationen.

[97] *Ch. Reichard*, in: Kuhlmann/Bogumil/Wollmann (Hrsg.), Leistungsmessung und -vergleich in Politik und Verwaltung, 2004, S. 341 (351).

[98] *Kuhlmann* (Fußn. 12), S. 107; *T. Herbing*, in: Kuhlmann/Bogumil/Wollmann (Hrsg.), Leistungsmessung und -vergleich in Politik und Verwaltung, 2004, S. 361.

[99] Vgl. auch *J. Bogumil*, in: Kuhlmann/ders./Wollmann (Hrsg.), Leistungsmessung und -vergleich in Politik und Verwaltung, 2004, S. 392 (396).

steinerungen' der Organisation könnten (und dürfen nicht) die Folge sein! [100] Beachtenswert sind in jedem Fall auch die *Transaktionskosten* derartiger Leistungsvergleiche, die die erhofften Effizienzgewinne zu überkompensieren vermögen. [101]

3. Organisationsrechtliche Fragen

Ein anderes Problem ist die Frage der Zuständigkeit für die Durchführung von Leistungsvergleichen: Wie *Veith Mehde* überzeugend herausgearbeitet hat, wohnt Art. 91d GG eine organisationsrechtliche Dimension inne: Das grundgesetzliche „Bekenntnis zur Möglichkeit von Vergleichsstudien" entbinde „nicht von der Einhaltung von Kompetenzgrenzen". [102]

a) Interorganisatorische Grenzen

In einem soeben erschienen Aufsatz setzt sich *Thomas Hammer* mit der Frage auseinander, an welchen Leistungsvergleichsstudien sich der Bund überhaupt beteiligen darf: Er folgert aus den Worten, dass Bund und Länder zur Feststellung der Leistungsfähigkeit *„ihrer"* Verwaltungen Leistungsvergleiche durchführen können, dass der Bund sich an keiner Leistungsvergleichsstudie beteiligen dürfe in Materien, in denen Länder die Verwaltung als eigene Angelegenheit ausführten. Das Verbot der Beteiligung umfasse auch das Verbot der (Mit-)finanzierung. [103] Zur Möglichkeit der Beteiligung reiche es nicht aus, dass der Bund „in bestimmten Politikbereichen verwaltungsartige Strukturen auf Ministerialebene oder im Bereich oberster Bundesbehörden unterhalte oder eine entsprechende Befugnis zur untergesetzlichen Normsetzung bestehe; gemeint seien mit „Verwaltungen" in Art. 91d GG nur solche im materiellen Sinne, also „der Normvollzug abseits politisch-gubernativer Tätigkeit". [104]

Leistungsvergleiche seien demgegenüber in jedem Fall dann unter Beteiligung des Bundes zulässig, wenn „ein bestimmter Sach- bzw. Politikbereich von gleichgerichteten Gesetzen beider Ebenen geregelt" werde und „diese Gesetze jeweils auf den verschiedenen Ebenen vollzogen würden". [105] Als Beispiele hierfür nennt *Hammer* den Verfassungsschutz und die Steuerverwaltung. [106]

---

[100] Zu möglichen „strukturkonservativen" Effekten von Evaluationen vgl, *Seckelmann* (Fußn. 92); *Lamping* (Fußn. 3), S. 30.

[101] *Wollmann* (Fußn. 37).

[102] *Mehde* (Fußn. 12), S. 208-210.

[103] *Hammer* (Fußn. 43), S. 532.

[104] *Hammer* (Fußn. 43), S. 529.

[105] *Hammer* (Fußn. 43), S. 530.

[106] *Hammer* (Fußn. 43), S. 530.

Neben diesem (eher seltenen) ersten Fall erkennt *Hammer* auch bei der Bundesauftragsverwaltung nach Art. 85 GG eine Möglichkeit, bei der sich der Bund an Leistungsvergleichsstudien beteiligen dürfe.[107] Zwar liege in diesen Fällen nach einer streng normativen Betrachtung auch kein Fall von der Normvollzug abseits politisch-gubernativer Tätigkeit" auf Bundesebene vor, gleichwohl sei nach einer *wirkungsbezogenen Betrachtungsweise* im Wege des Erst-Recht-Schlusses die Beteiligung des Bundes an Leistungsvergleichsstudien gerechtfertigt, da die „Kontrollmöglichkeiten des Bundes bei der Bundesauftragsverwaltung ungleich umfangreicher seien als bei den anderen im Grundgesetz vorgesehenen Verwaltungstypen", zudem könne er „in Zweifelsfällen die Sachentscheidung sogar an sich ziehen", es bestehe insoweit kein Grund, ihm die Beteiligung am ‚sanfteren' Instrument der Leistungsvergleichsstudien zu versagen.[108]

Wie man erkennen kann, ordnet *Hammer* die Leistungsvergleichsstudien *aufsichtsrechtlichen* Maßnahmen im Wege des Erst-Recht-Schlusses zu. Es ist jedoch zu bezweifeln, ob dieses wirklich der Fall ist: Vorliegend geht es nämlich nur um die Frage, ob der Bund sich finanziell an Leistungsvergleichsstudien beteiligen kann, nicht darum, ob er Indikatoren vorgeben kann, denn diese sind stets zwischen den Teilnehmenden an einem Leistungsvergleich *auszuhandeln* (nur so ist das „können" in Art. 91d GG zu verstehen). In der Begründung des Gesetzentwurfs wurde daher auch nicht die Funktion als aufsichtsrechtliches Instrument (das es der Sache nach nicht ist und dem es allenfalls im Einzelfall bei einer fast schon missbräuchlichen Verwendung, wie sie *Hammer* für Art. 85 GG skizziert hat, in seinen Wirkungen gleichkommen kann), sondern als Mittel zur Stärkung der informationellen Ausstattung der Parlamente der jeweils teilnehmenden Körperschaften über die Effizienz der von ihnen verabschiedeten Gesetze bezeichnet.[109]

Es ist *Hammer* zuzustimmen, dass mit der Einfügung von Art. 91d in das Grundgesetz wohl keine „eigene Verwaltungsaufgabe ‚Leistungsvergleich' geschaffen wurde, die Bund und Ländern gemeinschaftlich zur Erledigung übertragen wurde".[110] Unbestritten hat der Verfassungsgeber keine *pflichtige Gemeinschaftsaufgabe* im Sinne des Art. 91a GG schaffen wollen, aus welcher in der Literatur überwiegend ein *Verfassungsauftrag* zum Zusammenwirken mit dem Ziele der Effektivierung der in Art. 91a GG geregelten materiellen Gegenstände gefolgert wird.[111]

---

[107] *Hammer* (Fußn. 43), S. 530.
[108] *Hammer* (Fußn. 43), S. 530.
[109] BR-Drs. 262/09 (Fußn. 44) , S. 16.
[110] *Hammer* (Fußn. 43), S. 528.
[111] *Heun*, in: Dreier, Grundgesetz, Bd. III, 2. Aufl. (2008), zu Art. 91a GG, Rdnr. 8 m.w.N.; *Mager*, in: von Münch/Kunig, Grundgesetz, Bd. 2, 6. Aufl. 2012, zu Art. 91a GG, Rdnr. 4 m.w.N.

Demgegenüber wurde aber eine *fakultative Gemeinschaftsaufgabe* neu in das Grundgesetz aufgenommen, in deren Rahmen Bund und Länder aufgrund entsprechender Vereinbarungen zusammenwirken dürfen. Art. 91d GG lässt sich dann als eine grundgesetzlich erlaubte Durchbrechung der Verwaltungskompetenzen der Art. 83 ff. lesen. Zwar kann der Bund nur dann an *konkreten* Leistungsvergleichen teilnehmen, wenn er auch eine *eigene Verwaltung* unterhält. Er ist aber nicht gehindert, eine oder mehrere unabhängige Einrichtung(en) *mitzufinanzieren*, die derartige Leistungsvergleiche vornimmt bzw. vornehmen, sofern nur der Bund sich dort auch grundsätzlich an Leistungsvergleichen beteiligen kann (etwa weil dort auch u. a. Vergleiche im Steuer- oder Zollbereich durchgeführt werden). Art. 91d GG erlaubt gerade die Beteiligung an den Aufgaben der anderen Ebene. Das heißt, dass etwa ein unabhängiges Forschungsinstitut, das Leistungsvergleiche durchführt, hinsichtlich seiner *Grundfinanzierung* vom Bund mitfinanziert werden dürfte, Art. 91d GG ist insoweit als *lex specialis* zu Art. 104a GG anzusehen. Denn er erhält angesichts seiner in der Entwurfsbegründung zum Ausdruck gekommenen Zweckrichtung („insbesondere [...] die Kostentragung"[112]) eine „andere Bestimmung" im Sinne des Art. 104a Abs. 1 GG die – so viel ist selbstverständlich zu konzedieren – wünschenswerter Weise *de lege ferenda* deutlicher herauszuarbeiten wäre. Die Kosten der *konkreten* Leistungsvergleiche wären zwischen den jeweils teilnehmenden Gebietskörperschaften aufzuteilen.

Und in der soeben skizzierten Konstellation von Grund- und Zusatzfinanzierung liegt die Aussage des Art. 91d GG, die ihn eben doch nicht überflüssig macht, wie oft angenommen wird.[113] Art. 91d GG ist in erster Linie geschaffen worden, um die ebenenverschränkende (Grund-)Finanzierung von Leistungsvergleichen zu ermöglichen. Darin liegt seine eigenständige Bedeutung. Es geht – wie unter IV.1. dargestellt, hier *nota bene* nicht darum, dem Bund Kompetenzen zu einer einseitig von einer Ebene setzbaren Indikatorenbildung zuzuerkennen. Die Leistungsvergleiche nach Art. 91d GG („können") sind notwendigerweise immer freiwilliger Natur!

---

[112] BT-Drs. 16/12410 (Fußn. , S. 10; sowie der entsprechende Gesetzesentwurf der Länder Baden-Württemberg und Bremen im Bundesrat vom 24.03.2009, BR-Drs. 262/09, S. 20.

[113] *Mager*, in: v. Münch/Kunig, Grundgesetz. Kommentar, 2012, zu Art. 91d, Rdnr. 4. *Heun*, in: Dreier, Grundgesetz, Kommentar, Supplementum 2010, 2010, zu Art. 91d GG, Rdnr. 5; ähnlich *Mehde* (Fußn. 12), S. 194; *Sichel* (Fußn. 12), a.a.O., *Suerbaum*, in: Epping/Hillgruber, Grundgesetz, Kommentar, 2012, zu Art. 91d GG, Rdnr. 7f.; *Mager*, in: v. Münch/Kunig, Grundgesetz. Kommentar, 2012, zu Art. 91d, Rdnr. 4.

b) Innerorganisatorische Grenzen

Neben seiner intraorganisatorischen enthält Art. 91d GG auch eine innerorganisatorische Dimension. So stellt sich etwa die Frage, ob die Bereitstellung von Informationen für eine Leistungserhebung oder -beurteilung auch „gegen oder ohne den Willen des Behördenleiters oder des Ressortministers" – etwa kraft Anordnung von der Bundeskanzlerin oder eines Ministerpräsidenten – durchgeführt werden kann.[114] In diesem Zusammenhang ist eine Abwägung zwischen der Richtlinienkompetenz der Bundeskanzlerin bzw. des Bundeskanzlers nach Art. 65 GG und dem Ressortprinzip der Ministerinnen und Minister vorzunehmen. Laut *Mehde* erscheint es zumindest als vorstellbar, „die Entscheidung über die Teilnahme an einer zentralen Vergleichsstudie als tauglichen Gegenstand einer Richtlinie des Bundeskanzlers anzusehen." [115] Zudem lasse sich – bei der Zuweisung der Federführung für Leistungsvergleiche an ein bestimmtes Ministerium – auch an eine Anwendung von Art. 65 S. 3 GG (Entscheidung der Bundesregierung über Meinungsverständnisse von Bundesministern), wenn sich die Vorhaben des federführenden Ministeriums auf die Geschäftsbereiche anderer Ministerinnen und Minister auswirken.[116]

VI.

Änderungen der Verwaltungskultur durch *performance measurement*? – Ein vorläufiges Fazit

Das Instrument des *performance measurement* baut auf der Theorie des „organisationalen" Lernens auf. Dieser Theorie zufolge wird die Verwaltung als eine spezifische Organisation[117] konzipiert, die Informationen aus ihrer Umwelt aufnimmt und in ihrer eigenen Systemlogik verarbeitet.[118] Organisationales Lernen vollzieht sich dabei über individuelles Lernen, also bei den Mitarbeiterinnen und Mitarbeitern sowohl auf der Ebene der gesetzesvorbereitenden[119] wie auf der Ebene der geset-

---

[114] *Mehde* (Fußn. 12), S. 208.

[115] *Mehde* (Fußn. 12), S. 209.

[116] *Mehde* (Fußn. 12), S. 209f.

[117] Dazu grundlegend *N. Luhmann*, Funktionen und Folgen formaler Organisation, 1964; vgl. auch *G. Schreyögg*, Organisation, 1996; *H. Hill*, DÖV 2007, S. 809.

[118] So lautet das „Schlüsselwort" „adapt, not adopt!", vgl. *W. Pleschberger*, in: Kuhlmann/Bogumil/Wollmann (Hrsg.), Leistungsmessung und -vergleich in Politik und Verwaltung, 2004, S. 302 (305). Zum „organisationalen Lernen" siehe auch *M. Eifert*, in: ders./Hoffmann-Riem (Hrsg.), Innovation und rechtliche Regulierung, 2002, S. 88, *ders.*, in: Spiecker gen. Döhmann/Collin, Generierung und Transfer staatlichen Wissens im System des Verwaltungsrechts, 2008, S. 159; *ders.*, in: DV, Beiheft 4, S. 137.

[119] *H. Borchert*, in: Hill/Hof (Hrsg.), Wirkungsforschung zum Recht II, 2000, S. 421; vgl. aber auch *C. Franzius*, in: Hoffmann-Riem/Schmidt-Aßmann/Voßkuhle (Hrsg.), Grund-

zesausführenden Verwaltung.[120] Ihr Wissenszuwachs kommt der Organisation zugute[121] und wird in deren „Wissensspeicher" überführt.[122] Bei Verwaltungsvergleichen „lernt" also einerseits die Steuerungsebene, andererseits gewinnen auch die Normausführenden steuerungsrelevante Informationen, die sie an die Steuerungsebene weitergeben können – und die letztlich auch die Gesetzgebung zu beeinflussen vermögen.[123]

Was jedoch kann und soll mit den auf diese Weise gewonnenen Daten geschehen? Und wie wird die deutsche öffentliche Verwaltung auf diese neuartige Form von Transparenz reagieren?[124]

In der deutschen öffentlichen Verwaltung bestehen nach wie vor Befürchtungen, dass die neuartige Transparenz der parlamentarischen Opposition eine sogenannte „Abhakliste"[125] oder gar „politische Waffen"[126] zuspielen könnte. Diese Ängste sind durchaus ernst zu nehmen. Denn natürlich sind Wissensfragen auch Machtfragen oder – kürzer ausgedrückt – „Wissen ist Macht".[127]

Gerade bei den politischen Entscheidern sind viele „Abwehrreflexe" gegen *performance measurement*-Prozesse zu konstatieren, die nicht zuletzt auf die negativen Erfahrungen aus internationalen Vergleichsstudien zurückzuführen sind.[128]

Es ist daher also durchaus mit Lernwiderständen zu rechnen. Was aber ist, wenn Regierungen, wenn Parlamente nicht lernen wollen? Finden Leistungsvergleiche und *benchmarking*-Prozesse Promotoren, die bereit sind, trotz aller Komplexität

---

lagen des Verwaltungsrechts, Bd. I, 1. Aufl., § 4, 2006, S. 177, Rdnr. 88; *Schulz*, DÖV 2009, S. 1113.

[120] *K. Bizer/M. Führ*, in: dies./Hüttig (Hrsg.), Responsive Regulierung, 2002, S. 1; *G. Teubner*, ARSP 1982, S. 13.

[121] *H. Schridde*, in: Blanke/von Bandemer/Nullmeier/Wewer (Hrsg.), Handbuch zur Verwaltungsreform, 3. Aufl. 2005, S. 216 (217).

[122] *Schridde* (Fußn. 121), S. 217.

[123] Vgl. beispielhaft *Borchert* (Fußn. 120); *Franzius* (Fußn. 120) Rdnr. 88; *H.-D. Horn*, Experimentelle Gesetzgebung unter dem Grundgesetz, 1989; *G. F. Schuppert*, Staatswissenschaft, 2003, S. 371; *Voßkuhle* (Fußn. 7), S. 21 ff.

[124] Einen gewissen Zuwachs an Transparenz schufen bereits die neueren Informationsfreiheitsgesetze, so etwa das Gesetz zur Regelung des Zugangs zu Informationen des Bundes (Informationsfreiheitsgesetz) vom 5. September 2005 (BGBl. I/2005, S. 2722).

[125] So *M. Brüggemeier* u. Bezugnahme auf einen Ausspruch *H. Ehmkes*, vgl. *Brüggemeier*, in: Kuhlmann/Bogumil/Wollmann (Hrsg.), Leistungsmessung und -vergleich in Politik und Verwaltung, 2004, S. 374 (383).

[126] *Lamping* (Fußn. 3), S. 29.

[127] So nach dem geflügelten Wort *Francis Bacons* für moderne Zusammenhänge *G. F. Schuppert*, in: ders./A. Voßkuhle, Governance von und durch Wissen, 2008, S. 259 (259).

[128] Näheres hierzu bei *Lamping* (Fußn. 3), S. 29.

und Zählebigkeit des Prozesses, in dem Indikatoren und Prozesse zur Leistungsmessung durchzusetzen? Und verfügen diese über die notwendigen Machtressourcen, um für eine Durchführung von *performance measurement*-Prozessen zu sorgen? Wenn nicht, dürfte den Leistungsvergleichen von Anfang an der Keim des Scheiterns innewohnen.

Denn ein „Politiklernen" folgt nicht unidirektional aus einem Leistungsvergleich. Der Leistungsvergleich setzt dieses vielmehr erst in Gang: Erst die Verarbeitung der erhobenen Daten lässt die Steuerungsakteure ‚lernen'. Die Gewinnung und Aufbereitung steuerungsrelevanter Informationen können politische Entscheidungen zwar *unterstützen*, aber niemals *ersetzen*! Auch „nützen die besten Benchmarks nichts", wenn es – so *Wolfram Lamping* „nicht gelingt, die eigenen Schwachstellen zu identifizieren, die zu unter einer Unterperformanz gemessen an den ‚Klassenbesten' führen". [129]

Stellt man all diese Kritikpunkte in Rechnung, so können Leistungsvergleiche gleichwohl ihre positiven Effekte haben. Diese bestehen weniger in den Ergebnissen selbst, die – wie gesagt – nur der Ausgangspunkt für ‚Politiklernen' sein können, als vielmehr in dem stetigen „Thematisieren, Anregen, Gestalten und Durchführen" [130], das mit diesen Leistungsvergleichen verbunden ist. Hier vollziehen sich die eigentlichen Lernprozesse! Insoweit kann ‚Politiklernen' durch Leistungsvergleiche in zweierlei Hinsicht verstanden werden: zum einen als „das Lernen, wie das Lernen in Organisationen gelernt und verbessert werden kann" und zum anderen als „das damit zusammenhängende, zielführendere Lernen am und über den Gegenstand". [131]

Die beiden Lernformen innewohnenden Potenziale zu nutzen, setzt jedoch einen *Wandel der Verwaltungskultur* voraus. [132] Die an den Vergleichen teilnehmenden Gebietskörperschaften und ihre Organe haben sich zu einer Organisation hin zu verändern, die gewillt ist, mit dem durch *performance measurement*-Prozesse gewonnenen Willen produktiv umzugehen und zugleich „proaktiv neues Wissen zu generieren". [133] Nur wenn von allen Teilnehmern an einem Leistungsvergleich konsentierte politische Ziele und Leitlinien festgelegt und zugleich gebietskörperschaftsintern verbindlich durchgesetzt werden können, können diese Elemente einer neuen, experimentellen politischen Technologie eine „Lern-Infrastruktur"

---

[129] Näheres hierzu bei *Lamping* (Fußn. 3), S. 30.

[130] *Lamping* (Fußn. 3), S. 30.

[131] *Lamping* (Fußn. 3), S. 30.

[132] Zur Verwaltungskultur vgl. u. a. *Schridde* (Fußn. 130); *G. F. Schuppert*, Politische Kultur, 2008; *M. Seckelmann*, in: Collin/Lutterbeck (Hrsg.), Eine intelligente Maschine?, 2009, S. 245; *J. Wentzel*, in: Hill (Hrsg.), Verwaltungsmodernisierung im europäischen Vergleich, 2009, S. 9.

[133] *Lamping* (Fußn. 3), S. 31.

bereithalten. Diese kann sich dann als neue „Quelle des Wissens, des Lernens und der Inspiration" erweisen und „Regierungen wie [...] Organisationen gleichermaßen Anleitung geben", wie mit begrenzten Ressourcen effektiver umzugehen ist.[134]

Der funktionsnotwendige Kulturwandel muss sich zum einen binnenorganisatorisch vollziehen (also in Form einer Überzeugung der eigenen Mitarbeiterinnen und Mitarbeiter) wie interorganisatorisch. In diesem Zusammenhang wird teilweise auch ein neuer „Umgang[s] mit Fehlern in der öffentlichen Verwaltung"[135] gefordert. Diese „Vertrauenskultur" darf allerdings nicht auf Kosten des Rechtsstaatsprinzips, der organisationsbezogenen Aussagen der Grundrechte und der demokratische Rückbindung aller staatlichen Gewalt erkauft werden! Denn insbesondere das Rechtsstaatsprinzip, das u. a. in Art. 20 Abs. 3 GG seinen Niederschlag gefunden hat, enthält seinerseits einen Vertrauensgrundsatz, der nicht gegen eine neue „Vertrauenskultur"[136] ausgespielt werden darf.

Wird alles dieses beachtet, so mag es sein, dass durch eine vermehrte Durchführung der in Art. 91d GG erwähnten Leistungsvergleiche von Verwaltungen tatsächlich die deutschen Gebietskörperschaften an eigenem wie „fremden Tuche" lernen können.

---

[134] So *Lamping* (Fußn. 3), S. 29, für die Offene Methode der Koordinierung.
[135] *Bogumil* (Fußn. 99), S. 398.
[136] *Tebbe* (Fußn. 32), S. 147.

KURZBIOGRAPHIE

DR. IUR. MARGRIT SECKELMANN, M. A.

Dr. iur. Margrit Seckelmann, M. A., studierte ab 1989 Rechtswissenschaften und Geschichte/Germanistik in Heidelberg und Berlin.

1996 Erstes Juristisches Staatsexamen, 1998 Magister Artium in Geschichte an der Freien Universität Berlin, 1999 Zweites Juristisches Staatsexamen.

Stipendiatin des Evangelischen Studienwerks. 1999 – 2002 Mitglied der Selbständigen Wissenschaftlichen Nachwuchsgruppe „Recht in der Industriellen Revolution" am Max-Planck-Institut für Europäische Rechtsgeschichte in Frankfurt am Main.

2004 Promotion an der Johann Wolfgang Goethe-Universität in Frankfurt am Main (Prof. Dr. Dr. h. c. mult. Michael Stolleis).

Seit 2002 Geschäftsführerin des Deutschen Forschungsinstituts für öffentliche Verwaltung Speyer.

BISHERIGE VORTRÄGE
DES „KARLSRUHER DIALOG ZUM INFORMATIONSRECHT"
SEIT 2009

Prof. Dr. Andreas Voßkuhle
Präsident des Bundesverfassungsgerichts
„Ist Wissen Macht? Der Wissensstaat"

Prof. Dr. Stefan Bechtold, J.S.M. (Stanford Law School)
ETH Zürich
„Die Regulierung von IT-Sicherheit im Schnittfeld von Recht, Ökonomie und Psychologie"

Dr. Anja Mengel, LL.M. (Columbia Univ.)
Partnerin Altenburg Fachanwälte für Arbeitsrecht, Berlin
„Aktuelles zum Arbeitnehmerdatenschutz – politische Glasperlenspiele?"

Dr. Niels Petersen, M.A. (Columbia Univ.)
Max-Planck-Institut zur Erforschung von Gemeinschaftsgütern, Bonn / New York University, New York City
„Informationsgewinnung als Methodenproblem – braucht die Rechtswissenschaft eine empirische Wende?"

Thorsten Feldmann
Partner JBB Rechtsanwälte, Berlin
„spickmich.de und die Folgen: Regulierung von Medieninhalten durch das Bundesdatenschutzgesetz?"

Sven Marx
Gesellschaft für Telematikanwendungen der Gesundheitskarte mbH
„Die elektronische Gesundheitskarte als Instrument des Selbstdatenschutzes – Rechtlicher Rahmen, technische Lösungen und Perspektiven"

Prof. Dr. Friedrich Schoch
Albert-Ludwigs-Universität Freiburg
„Neuere Entwicklungen im Verbraucherinformationsrecht"

Bettina Robrecht
SCHUFA Holding AG, Wiesbaden
„Das SCHUFA-Verfahren im Lichte der BDSG-Novelle 2009"

Prof. Dr. Christian Kirchberg
Kanzlei Deubner & Kirchberg, Karlsruhe
„Der Fall Brender und die Aufsicht über den öffentlich-rechtlichen Rundfunk"

Per Meyerdierks
Google Germany GmbH, Hamburg
„Folgen datenschutzrechtlicher Dogmen – Einige Beispiele aus der Praxis"

Prof. Dr. Dan Wielsch, LL.M. (Berkeley)
Universität zu Köln
„ „Corpus iuris Googliensis": Zur privatrechtlichen Konstruktion von Zugangsregeln durch Intermediäre"

Martin Schallbruch
Bundesministerium des Inneren, Berlin
„Schutz der Bürger in der Informationsgesellschaft: Sichere Identitäten und Schutz informationstechnischer Systeme"

PD Dr. Kai von Lewinski
Humboldt-Universität zu Berlin
„Datenflut – Informationsrecht als Deich, Damm, Kanal oder Rettungsring?"

Prof. Dr. Martin Senftleben
Freie Universität Amsterdam
„Schutz Geistigen Eigentums als Entwicklungshemmnis? – Internationale Rechtsdurchsetzung nach ACTA und die Belange der Entwicklungsländer"

Dr. Margrit Seckelmann, M.A. (FU Berlin)
Deutsches Forschungsinstitut für öffentliche Verwaltung, Speyer / DHV Speyer
„Informationen durch Benchmarking – die Leistungsvergleiche nach Art. 91d GG"

Prof. Dr. Thomas Fetzer, LL.M. (Vanderbilt)
TU Dresden
„Breitbandinternetausbau und Investitionsanreize in der sektorspezifischen Telekommunikationsregulierung"

Prof. Dr. Ralf B. Abel
Kanzlei Abel, Hamburg, und FH Schmalkalden (em.)
„Die EU-Datenschutz-Grundverordnung – Meilenstein oder Monstrum?"

ISSN 2194-2390

Karlsruher Institut für Technologie (KIT),
Zentrum für Angewandte Rechtswissenschaft
Indra Spiecker gen. Döhmann (Hrsg.)

Die Bände sind unter www.ksp.kit.edu als PDF frei verfügbar oder als
Druckausgabe bestellbar.

Band 1   **Kirchberg, Christian**
              Der Fall Brender und die Aufsicht über den öffentlich-
              rechtlichen Rundfunk, 2012
              ISBN 978-386644-840-7

Band 2   **Seckelmann, Margrit**
              Informationen durch Performance Measurement
              – Die Leistungsvergleiche nach Art. 91d GG, 2012
              ISBN 978-386644-871-1